Zauberhafte Weihnachten

Malspaß für Groß und Klein

Stephanie Weichhold

Impressum

Copyright © 2024 Federchroniken Verlag

Kontakt:

Stephanie Weichhold Schmiedebergerstraße 25a 04849 Bad Düben

federchroniken-verlag@web.de

Umschlaggestaltung: © Schreibservice Federzauber

Die verwendeten Bilder auf dem Cover und im Innenteil stammen von:

Freepik (www.freepik.com)

Pixabay (www.pixabay.com)

Die Bilder wurden entsprechend der jeweiligen Lizenzbedingungen verwendet.

Layout: © Schreibservice Federzauber

Lektorat und Satz: © Schreibservice Federzauber

ISBN: 978-3-69036-006-7

Für Fragen und Anregungen:

federchroniken-verlag@web.de

MERRY CHRISTMAS

CHRISTMAS COLORING

HAPPY
NEW YEAR

MERRY CHRISTMAS

I wish you a
Merry Christmas!

MERRY CHRISTMAS

MERRY CHRISTMAS

MERRY CHRISTMAS

MERRY CHRISTMAS

MERRY CHRISTMAS

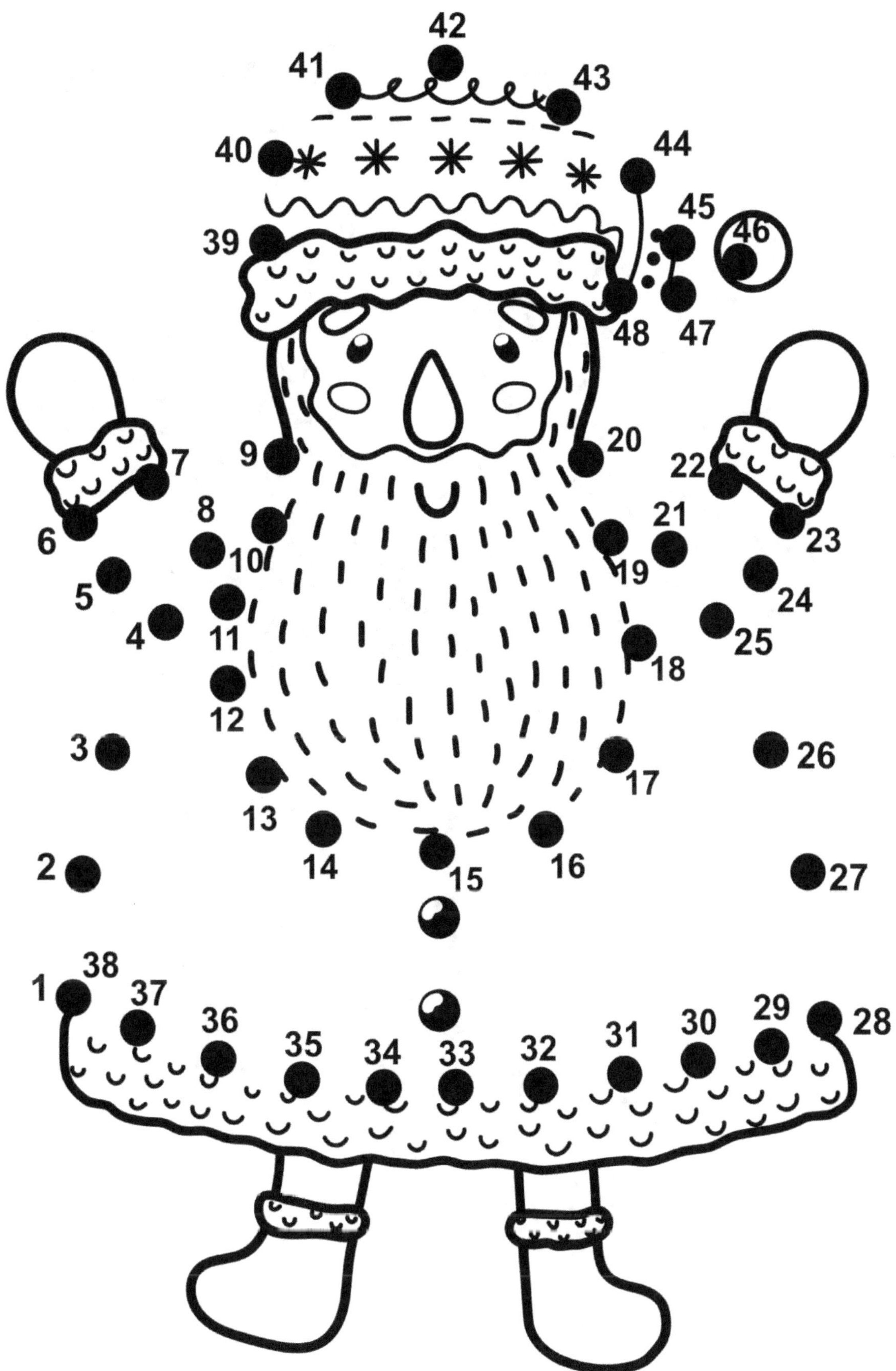

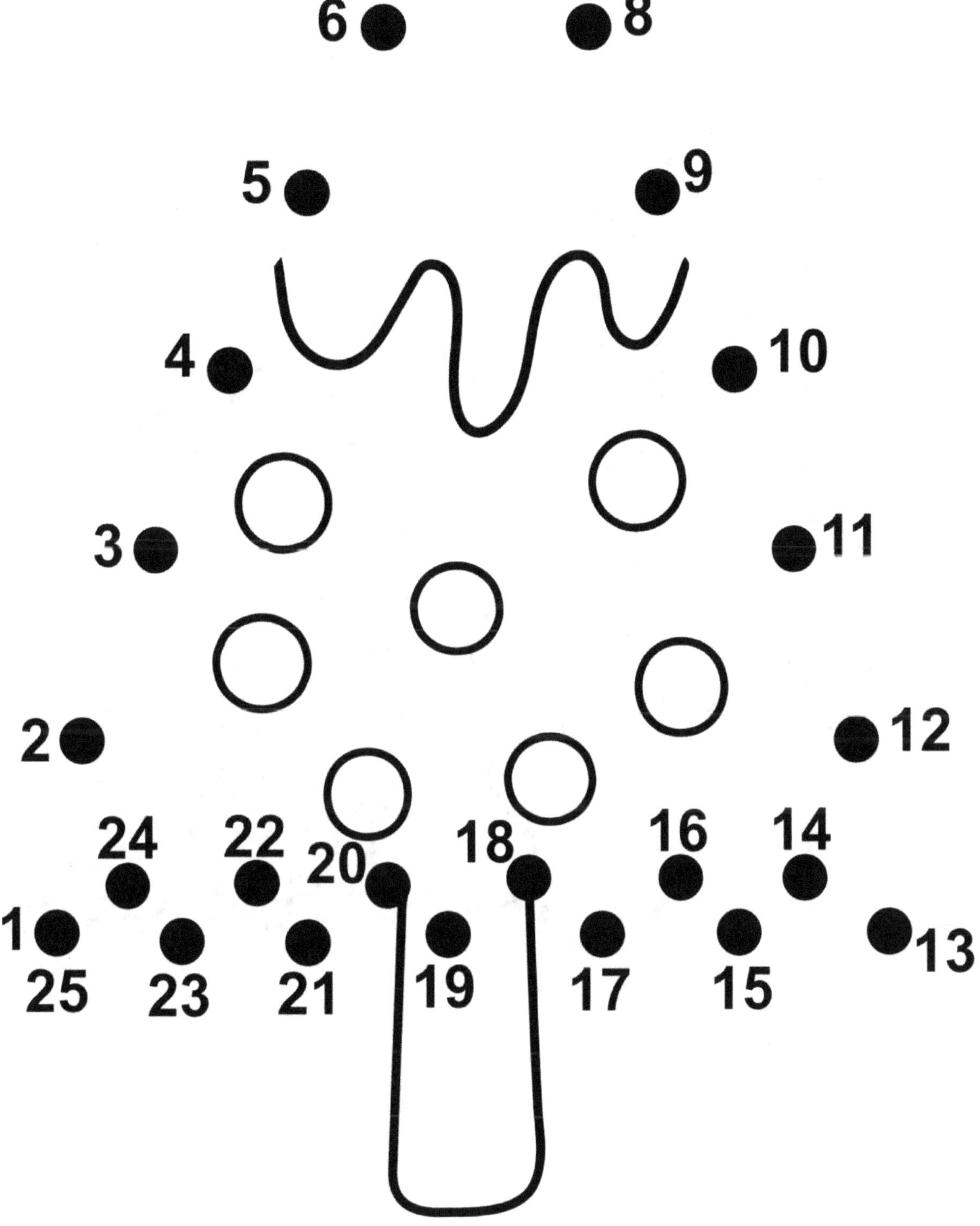

Hinweis: Die Ausmalbilder wurden mithilfe von Canva erstellt, basierend auf meinen Ideen. Alle Designs sind KI-generiert und können für kreative Projekte genutzt werden. Viel Spaß beim Ausmalen!